국립중앙도서관 출판예정도서목록(CIP)
꽃꿈 / 지은이: 임창연. -- 창원 : 창연출판사, 2016
　　　p. ;　　cm
ISBN 979-11-86871-06-5 03810 : ₩9000
한국 현대시[韓國現代詩]
811.7-KDC6
895.715-DDC23　　CIP2016008705

꽃꿈

초판인쇄 2016년 4월 16일
초판발행 2016년 4월 23일

지 은 이 | 임창연
펴 낸 이 | 이소정
펴 낸 곳 | 창연출판사
주　　 소 | 경남 창원시 의창구 읍성로 39
출판등록 | 2013년 11월 26일 제 2013-000029 호
전　　 화 | (055) 296-2030
팩　　 스 | (055) 246-2030
E-mail | 7calltaxi@hanmail.net

값 9,000원
ISBN 979-11-86871-06-5　 03810

ⓒ 임창연, 2016

* 저자와 협의하여 인지를 생략합니다.
* 이 책의 판권은 저자와 창연에 있습니다.
　 양측의 서면 동의 없이 무단 전재나 복제를 금합니다.
* 잘못된 책은 바꾸어 드립니다.

꽃꿈

임창연 시집

창연

자서

 검게 잘 익은 포도송이를/ 하얀 쟁반에 올린다// 바람과 햇살이/ 알알이 탱탱하게 들어찼다// 문장마다 포도향이/ 바람의 소리가/ 햇살이 당신의 마음을/ 발효시키는 중이다.

임창연 시인

차례

자서 / 4

제1부_ 꽃꿈

가을 낙서 / 11
매미 / 12
햇빛사랑 / 13
사랑은 시보다 아름답다 / 14
바다 같은 그대 / 15
서시 / 16
감나무 / 17
초등학교 운동장 / 18
당신의 향기 / 20
기억의 자리 / 21
능소화 / 22
아픈 느티나무 / 23
밤에 먼 길을 다녀오다 / 24
선택 / 25
꽃꿈 / 26
강가에서2 / 27
사진첩 / 28
사랑의 조각 / 30
붉은 자전거 / 31
새2 / 32

제2부_ 그대를 사랑함은

출근길 / 37
늘 언제나 당신의 시간 속에서 / 38
틈 / 39
아름다운 거리 / 40
희망 / 41
그대의 꿈을 보네 / 42
술과 사랑 / 43
뜨거운 심장 / 44
소금의 알갱이는 눈의 숫자다 / 45
밟히는 기억들 / 46
미친 사람 / 47
봉숭아 / 48
바람의 길 / 49
아침 / 50
선물 / 51
그대 때문에 행복합니다 / 52
감사 / 53
허망의 바다 / 54
과꽃이 피었습니다 / 55
그대를 사랑함은 / 56
낙화 / 57
풍뎅이 / 58
풍뎅이2 / 59
죽음을 맛보는 바람 / 60
사랑을 내어놓기 / 61
망초꽃 피어 있는 길 / 62
그냥 꽃이라 블러줘요 / 63
천지창조 / 64

제3부_ 미련한 사랑

누군가를 사랑하는 일 / 67
도라지꽃 / 68
그리움을 담는다 / 69
사랑의 독약 / 70
금목서의 향기 / 71
사랑한다 말하지 못해서 미안하다 / 72
꽃잎이 지다 / 73
보도블록 / 74
피아노 학원 / 75
바람의 낚시 / 76
아름다운 사람 / 78
내리는 비처럼 / 79
벚꽃잎 내리던 날 / 80
그 여자 / 81
비 오는 날의 단상 / 82
미련한 사랑 / 84
연꽃을 보다 / 86
흐린 기억 / 87
그해 겨울 / 88
길 / 89
목수 / 90

제4부_ 기억의 향기

경화역에서 / 93
비가 내린다 / 94
발자취 / 96
꽃의 비늘 / 97
내겐 그 사람이 아프다 / 98
신의 질투와 이별의 상관관계 / 99
기억의 향기 / 100
햇살과 놀며 / 102
느티나무 입던 옷을 벗다 / 103
바람이 잠들어 있는 곳 / 104
깃발처럼 나무처럼 / 105
그리움이 있는 강 / 106
당신뿐입니다 / 108
사는 일 / 110
그리움의 촉수 / 111
영혼의 빛 / 112
봄 / 114

■ 작품 해설-유영만 / 115
■ 시인의 말-임창연 / 128

제1부
꽃꿈

가을 낙서

가을이 잠이 오지 않아
컴퓨터 자판을 두드립니다

글씨들이 하나씩
모니터에 찍히다
하나 둘 떨어집니다

가슴속의
마음들이
조각조각
손가락 끝에 몰려나와
툭 툭 키보드를 두드립니다
모니터도 따라서
글자를 하나씩
던져 놓고는
눈만 껌뻑 거립니다

가을이 잠이 오지 않아
밤을 새웁니다

매미

한 번의 짝짓기를 위해
7년 동안 어두운 흙속에서
기다리다 나와서
일주일 동안 암컷을 부르는
지독한 구애

누군가를 사랑하기 위해
7년을 기다리고
단 한 번만의 고백으로
생애를 마칠 수 있겠는가

땅속에서 죽을힘을 다해
올라와 벗어놓은 매미의 허물
인내의 옷이 훈장처럼 걸려 있다

햇빛사랑

햇빛이 쏜살같이 내려오다
무엇인가에 부딪히면
죽어서 그림자가 된다
그림자는 죽어서 다시
환생하는 어두운 영혼

새끼 오리가 태어나면
처음 눈에 보이는 건
어미인줄 알고
늘 뒤를 따라 다니듯

햇빛도 무언가를 만나면
첫사랑처럼 늘 그의 등 뒤를
꼭 껴안고 산다

사랑은 시보다 아름답다

사랑을 진정
아는 사람은
시인보다 아름답다

그대 나를 사랑할 수 없다면
스치는 눈길조차
보내지 말아다오
제 몸을 태운 검은 가루로
말하는 연필처럼
사랑만 쓰다가
사라지리라

그대 사랑할 수 없다면
그대 바라 본
내 눈을 멀게 하고
다시는 눈 뜨게 하지 말아다오
그대는 잠들어 있고
나는 깨어서
사랑 때문에
가슴이 젖어드는 시를 쓴다

바다 같은 그대

그대가 곁에 있을 땐 몰랐었지요

이렇게 혼자 남으니
그 흔들림조차 홀로한 건 아니었군요
내 마음을 흔든 것도 그대였었네요

내가 바다 멀리
마음껏 나아갈 수 있었던 것도
바로 그대 때문임을 이제야 알게 됩니다

갯벌 위에 잡혀 지는 해를
즐거운 마음으로 바라 볼 수 있는 것도
그대가 다시 다가와 나를 온 몸으로 가득히
안아줄 수 있다는 것을 알기 때문입니다

이제 커다란 바람이 불어도
두렵지 않은 것은
내가 흔들릴 때 마다
그대도 같이 흔들린다는 것을 알기 때문입니다

서시序詩

당신이 세상과 부딪혀
가진 상처의 분노를 잠재우고
따듯한 마음을 피워낼 수 있다면
누구의 가슴인들 다독이며
눈물 짓지 않을 수 있으랴

내 눈이 당신의 눈동자를
떨림 없이 바라 볼 수 있다면
누군들 미움 없이 웃음으로
껴안을 수 있지 않으랴

내 사랑을 살게 하는 이여

이제 내게도
차도 위에서 길 헤매다
두렵게 죽어간 수많은 짐승들의 피와
지나치는 사람의 발에 무심히 밟혀
말라버린 풀들을 품는 마음 있으니

감나무

틀림없다
햇빛과 정을 통했다
빛깔이 증거였다
모양도 닮았다
사랑한 건 분명했다
달콤했다

사람들이 하나 둘씩
가로채기 시작했다
울지 않았다

하늘만 보면 그가 보였다
아무도 빼앗지 못하는
사랑은 행복했다
늘 그 자리에 머물며
그만 바라보았다

초등학교 운동장

사랑하는 사람이 생기면
가리라던 초등학교 운동장에
혼자서 갔었지요

한없이 커보이던
운동장은 좁아져 있고
운동장가에 서 있던
플라타너스들은 저 혼자
하늘을 향해 커 있었어요

작은 발바닥으로
누볐던 운동장 구석구석엔
작은 풀꽃들이 대신 자라 있었고
작은 손때로 반질반질 하던
미끄럼틀엔 녹슨 자국만 가득하네요

아침 일찍 일등으로
들어섰던 학교 운동장에
피어있던 안개를
만나던 날처럼

홀로 찾아온 한낮의
운동장에 눈앞에 어리는
뿌연 안개는 왜 그리
가슴이 아리던지요

당신의 향기

풀들이 몸을 부비나 보다
풀 향이 가득 찬다
바람도 함께하나 보다
어디서 실어왔나

아지랑이꽃 무지개 빛깔로 피고
잔디들은 곁에서 춤을 춘다

여기 앉은 자리에서
그대 향기를 맡는다

나도 바람에 흔들린다

그대 손 닿지 않아서
마음을 끌어당겨
그대 향기를 맡는다

기억의 자리

눈에 비치는 아름다움들이

마음에 담기면

잊지 못하는 기억으로 자리한다

능소화

이 골목 이었던가요
능소화가 피어있었지요

목소리 대신
발자국 소리만 들렸었지요
무언가 말하고 싶었는데
매미소리에 묻혀 버렸습니다

그걸 어떻게 알았는지
능소화만 붉게 달아오르고 있었지요

여기였던가요
당신을 놓쳐 버렸던 그 자리
내 마음처럼 능소화만
땅위에 하나 둘 쌓이고 있네요
그 틈새로 매미의 외침이
비집고 들어옵니다

아픈 느티나무

경남도청 안 입구 왼편 화단에
십 년은 되어 보이는
느티나무 한 그루
온 몸이 아픈지
밑동에 황토를 바르고 새끼줄로 감쌌다
허리께 구멍을 내고 영양주사를 세 대나 꽂았다

양 옆에 느티나무는 무성해
초록빛 잎을 가득 달고 있는데
비슷한 거리의 땅에서도
홀로 잎이 작고 노랗게 마른
저 병든 느티나무

같은 세상을 살아도
마음이 병들고 시들어 보이는
사람이 있듯이
저 느티나무에게도 속사정 알 수 없는
아픈 마음이 있나 보다

밤에 먼 길을 다녀오다

국도변 한밤중
길가의 원추리
무리져 서서 잠이 들었다

주남저수지 새들도
한겨울 빙판위에 서서
잠들곤 했다
그대여
꽃들도 밤에는
서서 잠이 든단다
그대도
이 밤엔 편안히 잠드시라

홀로 깨어
꽃들 서서 잠든 것 바라보다
그대 잠든 것 생각하다
아침을 맞으리니

먼 길을 갔다
홀로 돌아오는 길

원추리 노란 입을
꼭 다물고
무리져 서서 잠이 들었다

선택

오늘도 아침놀을 바라보며
감사하다고 말합니다

어제 보았던 당신을 볼 수 있다면
더 감사하다고 말하겠습니다

당신은 누군가의 사랑이며 행복입니다

세상 전부를 다 가져도
당신이 없다면 의미가 없습니다

당신을 제가 선택한 것처럼
당신 자신을 가장 사랑해야 하는 사람은
바로 당신입니다

사랑합니다 말하고 싶은
지금은 선택의 아침입니다

꽃꿈

그대를 만나던 그날
하늘엔 벚꽃잎 가득했죠
그대는 커다란 한 송이 꽃이었지요
바람 불어 꽃들이 흔들리지 않았다면
꽃속에 난 그대를 보지 못했을 텐데
그때 나는 꿈꾸는 중이었나요
꽃잠이라 생각했죠

꽃은 피고 지고 또 피는 것
사랑도 피고 지는 꽃꿈
사라지는 모든 것은
아름다운 꿈

* '꽃꿈'의 시는 2014년 6월 송창재 작곡가가 곡을 붙이고
 온새미 가수가 노래를 불러 싱글 앨범으로 발매가 되었다.

강가에서 2

아무것도 잡지 않고 흘렀다
제 얼굴에 비친 모습들
멈추어져 있고

내 가슴 속에는 잡힌 것이
수많은 이름으로
머물고 있다

강물은 모든 것을
남겨 두고 흘러갔다

흐르지 못한 돌 하나
어둠이 내리도록
머물고 있다

사진첩

가브리엘레 바질리코의 사진첩이 열린다

칼레 프랑스 1985년은 아직 하늘이
미처 지상으로 내리지 않은 검은 구름으로 멈춰있다
가로등이 불을 끈 채
비에 젖은 아스팔트를 내려다보고 있다

안개가 빛에 밀린 거리 한 켠
흑백의 건반은 손끝에서 반죽되어
회색빛 국수 가락 소리로 쏟아져 나온다
가브리엘 포레의 무언가 17의 3번
연주를 끝으로 피아니스트의 이름이 지워지고
사람들은 아무도 거리를 나서지 않았다

하늘빛 한 조각
칼레의 거리를
한 바퀴 돌아
필름 속에 잠긴다

베란다로 들어온 햇살 한 줌
사진첩을 말리려 책장을 들춘다

따스한 것들이 종이에 혀끝을 발라보지만
렌즈로 묶어놓은 시간은
과거의 물기에 젖은 채
잠에서 깨어나지 않는다

사랑의 조각

1.
사랑한다는 건
그 사람의 아픔까지도
안아주는 일이지만
그 짐을 나누는 일도
쉬운 건 아니지요

2.
사랑이란 그대에게 있는 맑음과
순전한 눈빛과 행복한 마음을
사랑하고 싶은 거지요
그대 삶의 비타민만 가져가고 싶은 거지요

3.
그가 아무리 그대를 향해
사랑한다 말하여도
그대 마음속에 믿음과 확신이 없다면
그 사랑은 사막의 신기루지요

붉은 자전거

사람들에겐 휴식이 편안하고 즐겁지만
제게는 그대와 함께하는 시간이 더 행복합니다
잠시 나를 두고 말없이 갔지만
그 기다림도 행복한 건
반드시 온다는 믿음 때문입니다

보이는 것을 사랑하는 것은
누구나 할 수 있는 일이지만
보이지 않아도 사랑하는 건 믿음 때문입니다

내가 나아갈 수 있는 때도
그대와 함께 할 때입니다

시간이 흘러 언젠가는 녹슬어 가겠지만
그대 역시 함께란 걸 알기에
그때도 행복할 수 있을 겁니다

새2

새는 하늘을 날아오르기 전
침대에 누워 잠시 생각을 떠올렸다

마늘을 함께 까던 막내가 사진기를 들고
자신의 모습을 찍던 일
어버이날 카네이션과 함께
들고 온 술빵이 참으로 맛있었다

자신의 세 딸과 막내와 남편의 무덤을
찾아 술을 올리던 일이 생각났다
그 옆에 미리 사 둔 묏자리가 떠올랐고
함께 사진도 찍었었다

막내랑 집에서 늘 머리를 깎다
마지막으로 미장원을 찾아 커트를
했던 일이 너무나 기분이 좋다
할머니 너무 곱고 정정하세요
아흔 여덟에 듣는 소리인데도
참 좋았다

날개를 펴기 전 목돈을 들여
안동 삼베 수의랑 영정 사진을
찍어 두었다는 게 마음 든든했다
유산을 남기지는 못해도 돈을 미리 마련해 줬다

어머니 자주 씻어야
몸에서 냄새가 안 나요 며느리가
기저귀를 갈아주며 말했다
이별을 할 때는 미움이 없어진대요
똥이 하나도 안 더러워요
냄새도 안 나고 아기 똥 같아요

딸내미들로부터 받아 속곳주머니에 꼬깃꼬깃 숨겨 두었던
용돈을 쌍둥이 손주들에게 준 게 생각난다
집을 드나들며 할머니 다녀오겠습니다
다녀왔습니다 그 목소리가 많이 그리울 것 같다

두 아들이 먼저 새가 되어 날아갔다고
침대에 누운 동안 들었다
어디로 갔는지 아무도 제대로 말해주지 않았다

곧 만날 생각을 하면 가슴이 설렌다

새는 점점 몸이 가벼워짐을 느꼈다
눈가에는 눈물이 잠시 맺힌 것 같았는데
참 기분이 좋다

새는 자신의 몸을 내려다보았다
아주 가볍고 편하게 누워 있었다
그 모습이 점점 작아 보이기 시작했다
어느새 빠르게 하늘을 날고 있었다

제2부
그대를 사랑함은

출근길

출근길 국도변
산에서 부터 내려 온
스멀스멀한 안개가 자분자분 깔려 있다
오늘도 제법 뜨겁게 한 낮을 달구겠다고
미리 산을 내려와
안개는 강가를 흐른다

줄줄이 꼬리를 물고 달리는
자동차의 삶이 버겁다
어쩌면 생각만 다를 뿐이지
한 바퀴 도는 시계 바늘처럼
출근시간이 한 바퀴 돌아오고

하루를 모래시계처럼
뒤집어 보기도 했으면
하고 마음을 만지작거린다

중앙분리대 근처에 고양이 한 마리
차에 부딪친 후 시간처럼 서서히
분해를 진행중이다

늘 언제나 당신의 시간 속에서

아침부터 늦은 밤이 오기까지
그대의 생각 속에서
일어나고 잠이 드는
기억으로 남고 싶습니다

눈을 뜨면
머릿속에 제 생각 가득하여
그대 눈을 감으면
꿈속에 내 모습 가득할 테지요

당신이 해 준 몇 마디의
언어를 붙잡고 살고 있을 테지요
날마다 그리움에
보고 싶어 할 테지요

늘 언제나
당신의 시간 속에서
날마다 살아가지요

틈

아스팔트 위를 하이힐을 신은 여자가
콕 콕 콕 땅을 쪼며 지난다
지구의 중심에 미끼를 던지며 지난다
여자의 중심을 언뜻언뜻 열어 보이며
땅의 속에다 쿡 쿡 쿡 메시지를 날린다

뾰족한 것들은 늘 끝을 벼려서
틈으로 파고 든다
실바늘처럼 찌르고 있고
주사바늘처럼 구멍을 뚫고 약을 넣고
남자의 그것처럼
촉촉하게 적시며 하나를 던져
또 하나를 만든다

아름다운 거리

손잡을 수 있을 것 같아도
손잡지 못할 만큼의 거리

입 맞추고 싶지만
마음으로만 생각하는 거리

안고 싶은 마음 간절하지만
그냥 웃고 바라보는 거리

그대의 모든 걸 가지고 싶지만
꾸욱 참아서 서운함 가득
가슴에 안고 사는 거리

그대와 내가 오래도록
사랑을 지킬 수 있는 거리를
아름다운 거리라 부른다

희망

가장 절망스러울 때
필요한 친구

가장 거친 마음의 황무지에
심어야 할 나무

깊고 깊은 밑바닥에서
떠오르기 위한 부력

더 이상 길을 찾지 못할 때
보아야 하는 지도

모든 꽃이 스러진 화단에
다시 심어야 하는 씨앗

그대의 꿈을 보네

그대와 나의 꿈속에서
짙은 장미의 냄새가 난다

그대의 꿈속에선
맑은 아기의 냄새가 났다

나의 꿈속엔
시의 비린 냄새가 날것이다

우리의 잠 속에서
한 무더기 장미가 피고 지며
바스락 거리도록 목마른 소리를 듣는다

그녀의 잠 속에선
젖 달라 보채는
아기의 마른 울음소리가 들렸다

내 잠 속에선 언제나
시가 일어섰다 쓰러지는
신음소리가 들리고 있을 것이다

술과 사랑

술은 입으로 마시나
속이 쓰리다

사랑은 온 몸으로 하고
끝내는 가슴 쓰리다

술은 빨리 취할수록
빨리 깨지만
사랑은
빨리 취하나
늦게 취하나
쉽게 깨어나지 못한다

뜨거운 심장

문득 내 가슴이
차갑다는 걸 느낀다
심장은 뛰고 있지만 냉랭한 마음
사람들은 느끼지 못하지만
무심히 감동 없이 나를 지나쳤다면
내가 그러한 사람인 까닭일 것이다

뜨거운 심장

그래야만 만나는 사람마다
주체 못할 심정을 나누고
아픔들을 안아 줄 수 있을텐데

살아 있으나
만나는 사람들은 작은 기쁨만
안고 가는 걸 보면 미안 할 뿐이다
고맙다는 말들이 오히려 부끄럽다

누군가를 위해
아낌없이 목숨을 줄 수 있는
뜨거운 심장을 갖고 싶다
회복하고 싶다
제대로 살고 싶다

소금의 알갱이는 눈의 숫자이다

소금의 알갱이는 눈의 숫자이다
알알이 바닷속을 누비던 기억이 들어있다
멸치에서 고래까지 작은 손바닥이며 눈인 온 몸으로
그들을 쓰담던 마음들이 들어있다

녹을 줄 아는 것은
다른 것을 녹이는 힘이 있다
녹아서 액화된 염산은
쇠를 녹일 줄 안다
녹았던 기억으로 파고 들어가
하나가 되기 때문이다

그대에게 나는 소금으로
다가가고 싶다
그대의 닫힌 철문을 녹이고
하나가 되고 싶은 까닭이다
그리고 그대와의 사랑을 함께 절여서
조금이라도 부패를 늦추고 싶다
내 기억 속에는 그대라는
스러짐의 아픔이 존재하기 때문이다

밟히는 기억들

외로움의 길들이 밟히며
더 단단해지는 하루

기억들도 밟히며
더 또렷한 흔적을 남긴다

피아노 줄 같이 외로움으로
팽팽해진 그대의 마음을
작은 나무망치로 두들겼다
그러면서 한 발로
영혼의 페달을 깊숙이 밟는다

그대는 낮고 진한 소리를
길게 남기며 무너지는 듯 하더니
다시 팽팽하게 퉁겨지며
더 높게 소리를 던진다

미친 사람

길을 가다
미친 사람을 만난다

어쩌다 그랬을까
욕심이 아닐까

여자는 사랑 때문에
그럴 것 같고

남자는 많은 것을 가지려
했을 것 같고

한 번 왔다 가는데
미친 사람과
온전한 사람은
무엇이 다를까

다만 안 그런 척
사는 것인가

봉숭아

남강 문화예술회관 옆
공사장 한편에
늦은 봉숭아
꽃을 피웠다

지나가는 바람을 붙들고
손톱을 물들인다

뼛가루 곱게 빻아서
노을빛에 섞으면
첫 눈 내릴 때까지
견딜 수 있을까

바람의 길

바람보다 가벼운 새의 발자국도
모래밭 위에 이렇게 선명한데

그대 머물렀던 마음도
나무처럼 잘 자라겠지요

보이지 않는 바람도 모래 위에
길을 만들고 지나는데

그대 지나는 길도
세상 길이 다 스러져도
지워지지 않겠지요

아침

당신과 저는 멀리 떨어져 있지만
함께 아침을 맞이합니다

날마다 아침이란 살아있는 시간
더 욕심 부리지 않아도
감사할 수 있습니다

에소프레소 커피가 아니라도
믹서커피나 자판기 커피라도
그 향기는 그 어디서든
아침을 맞기에 넉넉합니다

당신이 살아있다는 이유만으로
곁에 있는 사람들도
삶을 살아갈 행복한 이유가 됩니다

매일 선물로 주어지지만
매일 다른 모습으로 오는 아침
이 아침이란 선물을
기쁨으로 당신과 함께 열고 싶습니다

선물

선물에 대해 생각해 봅니다
가장 좋은 선물이 무엇일까 하고 말입니다

그대가 누구에겐가 줄 수 있는
최고의 선물은 바로 당신 자신입니다

이 세상에 태어난 순간
이 지구는 최고의 선물을 받은 겁니다

당신이 가장 사랑하는 사람에게
줄 수 있는 최상의 선물도
바로 당신입니다

이 세상에서 단 하나 밖에 없는
당신이란 존재는 너무나 귀합니다

당신이 가장 소중하게 아껴줘야 할
대상도 당신입니다

가장 소중한
당신 자신이 바로 선물입니다

그대 때문에 행복합니다

언제나 혼자였다고 생각했습니다
그래서 늘 외로웠다고 믿었습니다
수많은 사람 중에 나만 외로웠습니다

당신도 그랬겠지요
저도 그랬습니다

그러던 어느 날 문득
이 세상 무엇도
스친 손길 없이 존재할 수
없다는 걸 깨달았습니다

내가 살아올 수 있었던 것이
그대 때문이었음을 알게 되었습니다
어쩌면 외롭다는 것조차
나의 이기심이었음을 깨닫습니다

지금 수많은 그대들이
나와 함께하고 있음을 압니다
그래서 고맙습니다
그래서 더 사랑하겠습니다

감사

아침에 눈을 뜨면 무슨 생각을 하나요
전 눈을 뜬 자체가 감사고 기적입니다

절망도 현실이고 희망도 현실입니다
감사는 이 모든 것을 안아 줍니다

날마다 감사로 맞이하면
죽음조차도 감사로 맞을 수 있습니다

당신과 날마다 함께 한다는 것이
날마다 감사할 수 있는 이유입니다

허망의 바다

그대 쓸쓸의 바다에 앉아
한 사람으로 하여
그리움에 외로웁다면
그 한 사람 괴로우리라

그대 그리움의 파도를 보며
한 사람으로 하여
외로움에 괴로웁다면
그 한 사람 쓸쓸하리라

그대 외로움의 갈매기 되어
한 사람으로 하여
괴로움에 쓸쓸하다면
그 한 사람 그리우리라

그대 괴로움에 가슴이 아픈
한 사람으로 하여
쓸쓸함에 그리웁다면
그 한 사람 외로우리라

차마 살아가는 일이
이렇듯 허망의 바다에
서 보는 일이리라

과꽃이 피었습니다

골목길 지나다
과꽃을 만납니다
한 폭의 그림처럼 벽에 걸렸습니다

해 지는 저녁 시간
저녁상 차려놓고 신랑을 기다리는
새악시의 마음입니다

어디선가 김치찌개 내음 가득차고
지나던 발길 멈추어
당신 얼굴인 듯 다시 보았습니다

그대를 사랑함은

그대를 사랑함은
꽃이 햇살을 기다리듯이

바람 불어 흔들려도
그 자리를 지킴은
그대를 기다림이라

그대가 먼저 눈을 감아도
내가 먼저 이 세상을 떠나도

그대와 나의 영혼은
영원히 사랑함이라

그대를 사랑함은 죽음조차
우리를 갈라놓지 못하고

그대를 사랑함은
언제나 영원함을 기억함이라

낙화

밤새 비가 내리자
은목서는 손이 미끄러워
꽃병을 놓쳤다

보도블록 위에 쏟아진
향기는 꽃잎으로 흩어지고

빗물에 향기는 자꾸 떠내려간다

그녀와 악수를 하고 헤어진 뒤
남았던 그 향기는
은목서의 손길이었을까

풍뎅이

어쩌다 무슨 잘못으로 뒤집어졌는지
다리를 모아 하늘 보며 빌고 있다

내게도 저런 날이 있었던가
아무도 손길 주지 않아
하늘만 쳐다보던 때가

면장갑 한 쪽을 벗어 내밀자
꼭 잡고 몸통을 뒤집는다

누군가 한 손만 주었으면
벌떡 일어설 수 있었던 때가 있었는데

풍뎅이 한 마리 찾아와
내게 더 겸손하라고
일침을 놓고는 사라진다

풍뎅이2

며칠 후 풍뎅이가 돌아와 있었다
그런데 움직이지 않았다

왜 다시 돌아온 것일까

지인에게 이야기를 했더니
그가 말하길 풍뎅이는
자기를 살려준 사람에게
반드시 돌아온다고 말했다
이미 자기는 죽은 것이기에
고마움을 다시 표현하러 온 것이라고

날개가 있어도 뒤집어지면
이미 죽었다고 생각하는 풍뎅이

그냥 숲으로 돌아가지 못하고
돌아온 풍뎅이 때문에
다른 풍뎅이를 보아도
가슴이 아릴 것만 같다

죽음을 맛보는 바람

바람이 공중의 떡을 말리고 있네

촛불을 끌 수 있는 곳에는
바람이 못 갈 것도 없었네
천장의 의식이 치르진 여기에도
독수리가 먹어 치우기 전
바람이 먼저 혀를 내밀어
잘게 부서진 뼈에 붙은 살과 피를 발라 먹네
재빨리 독수리가 삼켜 버린 조각도 포기하지 않고
배설물 사이를 오가며 마지막 수분까지 핥고 있네
장례 의식을 치르고 돌아가는 산 자의 얼굴을
혀끝으로 쓰윽 맛보고 입맛을 다시네
바람의 혀끝의 시원함이 죽음인지 모르고
죽음의 식도락가의 발정을 모른다네
그들도 언젠가는 바람의 먹이가 될 것이네

(바람을 피하려 땅을 파고 너럭바위를 깔고 사방에 커다란 바위를 세우고 망자의 시체를 넣고 수십 명의 사람이 커다란 바위를 끌어다 덮어버리네 바람이 포기하도록 바람이 보지 못하게 뚜껑을 덮네)

사랑을 내어놓기

문득 당신 곁에 사람이 없다면
당신의 마음을 나누지 못한 까닭이다

사람은 마음을 먹고 산다
때로는 허영에 배부르고
신념에 목숨을 걸지만
정작 필요한 것은 따스한 사랑이다

지금 당신이 사랑받고 싶다면
되돌려 받지 않아도 되는
순전한 사랑을 값없이 내어 놓아라

망초꽃 피어 있는 길

그대에게 가는 길은
이제쯤 망초꽃으로
길이 보이지 않을게다

그대와 함께 지었던
그 집의 마당에도
하얗게 염전처럼
망초꽃 쌓여 있을게다

그대와 함께라면
날마다 슬퍼도 좋았다
저녁놀을 바라보며
밤이 오는 것도 너무 좋았다

바람에 흔들리는
느티나무 잎조차
웃으면서 흔들렸었다

그랬다
그대와 함께라면

멀리 떠나고픈 유혹조차
문득 문득 아름답게
손을 내밀었다

그냥 꽃이라 불러줘요

빛깔이 다르다고 서로를 나누지 않는
꽃처럼 함께 어울렸으면 좋겠네

서로가 같은 공기 마시면서
같은 햇살 아래 토닥이며
함께 바람에 머무는 꽃들처럼
그렇게 한 자리 같이 있기를 소망한다네

인생도 한 세상 꽃처럼 스러지는
유한한 시간인데
빛깔이 다르다고 마음으로라도
눈길으로라도 밟지 말기를 바라네

그냥 꽃 위에 잠시 머무는 나비처럼
그렇게 가볍게 눈길이라도
따스하게 빛깔 다른 꽃이라 불러주면 된다네

천지창조

  성탄전야 자정이 지났는데 태양공업사 영감님 알곤 용접 불꽃 피우신다 백열등도 어둠을 한 꺼풀 벗겨 주위가 환하다 손끝에서 시간 그물을 촘촘히 짜시는 중이다 가게 앞 공구상가 담벼락엔 만드신 커다란 주철관 쌓여간다 불꽃이 피어날 때마다 떨어졌던 쇠들이 이어져 단단한 뼈를 이루고 신경을 이어간다 어딘가 접붙여 땅에 묻히면 그 속에 가득한 물들 흐르고 흘러서 강이 되고 바다를 채울 것이다 다들 잠든 시간 영감님 홀로 천지를 창조하는 통로 만드시고 계신다

제3부
미련한 사랑

누군가를 사랑하는 일

누군가를 사랑하고 있다는 건
아름다운 일이기도 하지만
참으로 마음의 짐을 가지는 일입니다

홀로 살던 마음에 또 한 사람을
넣고 다니는 일입니다

그래서 늘 마음이 기쁘면서도
근심 또한 가져야 하지요

하지만 빈 마음으로 외롭기 보다는
어차피 사랑이란 상처 받기로
작정하는 일이니 그런대로
견딜 수 있는 일이지요

도라지꽃

당신의 얼굴에
보라빛 근심이 보여도
당신이 그대로 이듯이

당신의 얼굴이
하얗게 웃음이 번져도
당신은 그대로 이지요

그대의 마음처럼
도라지꽃 가득히 피었어요
내 마음에도 그대가 가득히 피었어요

그리움을 담는다

북면온천 가는 길 가다가
주남저수지 쪽으로
돌아 만나는 첫 마을 입구에
할아버지 한 분을 내려 드리고
돌아오는 이른 아침

농로를 따라난 길에 서 있는
전봇대에 걸린 아침 안개를
카메라를 꺼내
멀리 보이는 채 꺼지지 않은
백열 보안등 아래
마을의 불빛을 함께 담아
몇 장의 풍경을 담는다

사라지려는 안개를 잡고
미처 떠나지 못한 새벽을 잡고
식지 않은 백열등의 빛을 잡고
채 사라지지 않은
순애한 그리움을 담는다

사랑의 독약

사랑의 묘약을 마시면
처음 본 상대에게
온통 마음이 쏠려서
사랑할 수밖에 없다는 것인데

그러면 사랑의 독약을
마시게 된다면
모든 사람이 싫어지게 되는 것인가

아니지 내가 만드는 그 독약은
한 번 마시게 되면
나를 바라보아야만 행복을 느낄 수 있는

극약처방이라는 것
그래서 나만을 바라보며
평생 살아야 한다는 것인데
가끔은 영원히 한 사람만을
사랑했다는 이야기는
누군가가 사랑의 독약을
만들었다는 사실

그 비법을 모르지만 가끔 생각나는 걸 보면
사랑의 독약도 꽤 치명적이긴 한 모양

금목서의 향기

금목서는 여름내 함께 고생한
에어컨 실외기 머리에
꽃잎을 가득 덮어 주었다

꽃잎들이 숨을 쉴 때마다
향기는 사무실 안을 들락거렸다

키보드를 두드리던 미스 김이
자꾸 오타를 낸 것도 그즈음
일은 손에 안 잡혀
벌써 커피는 세 잔을 비웠다

사랑한다 말하지 못해서 미안하다

사랑이 아니고
사람이어서 미안하다

이 마음도 모를 너여서 미안하다
그냥 네 아픔에
고개만 끄덕여 더 아프다

사랑이란 때로는 서로 길이 달라
어느 교차로에서 만날지라도
스치는 행인들처럼
서로 담담하게 지나쳐야 한다

만남도 때로는 설렘으로
만족해야만 하는 때가 있는 법이다

그래서 미안하다는 말조차
못하는 비겁한 사랑도
간직하고 살아야 하는 순간이 있다

미안하다
살아있는 동안
홀로 이 마음을 품고 있음을

꽃잎이 지다

비가 내리자
배롱나무는 마음이 무거웠다
제 몸에서 꽃잎을 한 아름
발밑에 내려놓았다

꽃잎에는 아직도
꿀벌의 날개가 윙윙대는 소리며
바람의 깃털이 보이고
햇살의 체온도 재어질 듯하다

이 비가 그쳐도
배롱나무는 더 가벼워지지도 못하고
다시 꽃들을 피울 것 같구나
꽃잎들 다시 내려놓고도
끝내 날지 못하는 마음

보도블록

보도블록이 말한다는 걸
멀쩡하게 눈 뜨고 걷는
사람들이야 모르지

시각장애인이 지팡이로
보도블록을 툭툭 치면
자다가도 깨어서
갈 길을 알려주지

가끔은 두 눈 뜨고도
멀쩡한 귀를 달고서도
보지 못하고 듣지 못하는 게
있다는 걸 알아야 하지

피아노 학원

아이들의 손끝이 하얗고 검은 막대를 누르면
부딪힘의 진동이 나무통 속의 동굴을 울린 뒤
빠른 속도로 허공을 날아간다
조각조각 흩어졌던 소리들은
귀를 발견하고 귓속의 고막을 두드린다
소리의 신경이 사람의 신경과 이어져
머릿속을 돌아 심장을 두드리고 와
오감을 매만진다

피아노 아이들의 손끝에서 발아한 소리가
길 지나는 사람이며 중국집 장씨의 면발에 심겨져
짜장면을 먹는 손님의 젓가락 손놀림에
장단을 피우고 있다

바람의 낚시

사파동 아파트 공터 한편

햇살에 몸을 단단히 말린 강아지풀이
허공에 온 몸을 미끼로 던져 놓고 낚시를 한다
지나던 바람 하나가 한 입 덥석 물자
낭창거리다가 이내 묵직하게 휘어진다

제법 푸덕거리던 바람도 제풀에 지쳐
잠잠하자 제 몸을 쓰윽 한번 훑고는
다시 몸줄을 풀어 입질을 기다린다

보이지 않는 바람을 거는
확실한 미늘을 어디다 숨겨 둔 모양이다
제법 재미를 본다
바람을 낚는 확실한 요령을 가졌다

보이지 않는 것을 잡으려면
눈으로 볼 수 없는 확실한
도구가 필요한 법이다

가끔 사람들도 온 몸을 다해
세상 한편을 낚아 보려
온 몸을 미끼로 내던져 보지만
녹록치 않은 일이다

아름다운 사람

많은 사람이 있지만
가슴에 담기엔
너무나 아름다운 사람이 있습니다

때로는 감당하기에
벅차지만
버릴 수 없는 사람입니다

아름다운 시간이
너무나 빨리 흐릅니다
괴로운 시간은
지겹도록 매달리지만
있었으면 하는 시간은
모래시계 속의 모래알처럼
멈추지 않습니다

그리움도 생각은
잡을 수 있지만
사람은 그리하지 못합니다

내리는 비처럼

이렇듯
젖으면 되는 것이다

가로수 나무들
선채로 뿌리까지 적시고 있다

내리는 비에 온 몸을 적시고
걸어본 사람만이 비를 안다

살아가는 일이란 피하는 게 아니라
온몸으로 맞서야 한다는 것

내리는 비처럼
세상을 향하여 적셔줄
마음이 있는 사람은

얼마나
아름다운 가슴을 지녔을까

벚꽃잎 내리던 날

바람 불지 않아도
무거운 아픔처럼
떨어질 꽃잎인데
부는 바람이 부질없다

저리도 아름다울 때
무너져 내리는 꽃잎은
무슨 비밀을 안고 떨어지나
연분홍 살갗이 흩어져
쓸쓸한 사람의 발끝에
한 번 더 찢겨진다
어떤 형벌이길래
제가 놓친 꽃잎들 줍지 못하는
벚나무의 수많은 손들이
부끄러운지 하늘만 닦고 있다

손끝에서 돋아나는
연초록 잎들이
철없이 까르르 바람에 깨어나고
떨어진 꽃잎들은
맨 몸을 서로 포개며 막 잠이 든다

그 여자

 창원 홈플러스 일층 푸드 코너에서 베트남 국수 시켜 먹던 여자 함안 이령면으로 시집 와 남자 아이 둘 낳고 동네 사람들과 말이 통하지 않아 산비탈 언덕에 홀로 해바라기 하던 날 많던 여자 창원공단 작은 회사 남자 동료에게 엉덩이 만져지는 성희롱 당하고 일하다 실수 했다고 뺨 맞고 화장실에 앉아 꺽꺽대며 입술 앙다물고 속울음 삼키던 여자 추석날 외국인 근로자 잔치에서 베트남 여자 가수가 부르는 고향노래 듣다가 고향 식구들 생각에 끝내 마음 감추지 못하고 한없이 울던 그 여자

비 오는 날의 단상

멀리 있다는 것은
언젠가 가까워질 수도 있다는 것
가까워져 있다는 것은
언젠가 떠날 수도 있다는 것

시간들이 저편에서 자동차처럼 속속 달려오고 있다
아무리 달려도 시간을 추월할 수는 없었다
개처럼 뛰어도 지치기만 할 뿐
그래서 천천히 걷기로 했다

비오는 날 아무리 큰 우산을 써도
발이 먼저 젖었다
가장 아래 있는 것이 먼저 젖다니

가장 불쌍한 것들이 더 우는 법이다
삶의 행간마다 비가 내리고
해가 떠도 슬픈 자에겐 비 내리는 날이 더 많고
부자에겐 맑은 날이 더 많아 보인다
비를 바라보는 시선도
가난한 자에겐 알몸으로 젖어지고
우아한 사람에겐 차 한 잔 마시는 시간이다

똑같은 거리를 가도 명품 외제차를 타고 가는 사람과
버스도 못 타고 젖어야 할 사람이 있는 법이다
법은 만인에게 평등하다
누구나 벌거벗은 목욕탕도 입장료가 다르고
시설 수준이 다른 건물이 엄연히 있다

멀리 있는 것을 가지려면 다가가야 하고
가까이 있는 것도 버리고 돌아서면
멀어지는 법이다

미련한 사랑

사랑이란 때로는 미련해야 됩니다
변함없이 사랑한다는 게 미련하지 않고 되는 일인지요
끊임없이 용서해야 하는 우둔함도 있어야 되고요
살아간다는 게 세월이 갈수록 만만하지 않듯이
사랑 또한 알수록 만만하지 않게 느껴집니다
이제야 숨 돌릴 듯하면
어느새 추슬러야 하는 긴장이 옵니다

사랑은 선택의 여지가 있는
상품을 고르는 일도 아니고
다시는 휘말리지 말아야 한다고
지나쳐 가버리는 것도 아닙니다

바람이 불어 어느 곳에서든 꽃이 피워지고
바람이 불면 흔들려야 하는 나무처럼
가볍게라도 흔들려 주어야
예방주사처럼 면역이 됩니다

사랑은 다치기 쉬워서
서로가 조심하지 않으면

늘 상처가 납니다
너무 쉽게 놓아두어도
아이처럼 다치기 쉬운 겁니다
너무 두려워 피한다고
쉽게 지나치지도 않습니다

비둘기처럼 부드럽게
뱀처럼 지혜롭게 넘어가야 합니다

미련해 보이는 사랑이
가장 정직한 사랑이 됩니다

연꽃을 보다

덕진공원 연화교 아래
초록빛 둥근 연잎들 가득 찼다
물방울처럼 가볍게 걸으면
연잎 사이 분홍꽃까지
걸을 수 있을 것이다

누구의 소원인지
연잎 위에 백 원짜리
동전 한 닢 물방울처럼
연잎 위에 맺혀있다

흐린 기억

한 떼의 기억들이 흐린 빛으로 젖은 채
구름 아래로 모인다
잎을 다 버린 나무들이 잠시 깨어나
하늘을 응시하며 바람에 잡힌다
안녕 흐린 날의 주름진 얼굴
산에서 걷히는 안개라도 삼키렴
지우마트 앞 크레인이 반짝반짝 눈을 켠 채
동전을 먹으려 입맛을 다시는 오후
감시카메라의 눈이 들어서는 손님을 체크한다
잉어빵이 제 몸이 뜨거워
무쇠틀을 뒤집는 리어카

(흐리다, 사랑도 기억도 생생한데
믿음이 희석되어 가라앉고 있다)

그해 겨울

그가 걷고 있다
그 뒤로 또 다른 그의 그림자가 늘 따라 다녔다
거리를 걷는 사람들은 떨고 있었다

버스정류장의 사람들은 저마다 주머니 속의 동전을 매만졌다
버스가 배차를 빼먹어도 그들은 속으로만 불평하였다
정류장 근처로 빈 택시들이 몰려들었다
아무도 문을 열지 않았다

지하철역에는 집을 떠난 사람들이 공간을 메워갔다
자주 소주병을 깨뜨리며 싸우곤 했다
갑자기 불어닥친 추위에 이를 갈았다

사람들의 신용카드가 정지되기 시작했다
전화 벨소리가 울렸다
그들의 심장이 진동판처럼 떨렸다

길

누가 뿌려놓은 것도 아닌데
공사를 하다 쌓아둔 흙더미에
강아지풀이며 들깻잎들과 잡초들이
뜨거운 햇살을 이겨내고
진초록으로 땅을 덮고 있다

누가 일부러 만든 것도 아닌데
그 진초록의 풀들 사이로
길이 나 있다
밟고 밟아서
생명 끈질긴 풀조차 없어져 버렸다

그대의 마음에 누가 간 것도 아닌데
그대는 날마다
그리움에 가득 덮히고 있다

누가 일부러 말한 것도 아닌데
헤어짐의 불안함이
날마다 그리움을 밟고 지나
이별의 길을 만들고 있다

목수

그는 늘 자신이 만졌던 나무를 사랑하였다

나무의 결 따라 대패로 손질을 하면
나무를 스치던 바람의 향기가 났다
톱으로 켜면 바람의 소리가 들렸다
망치로 두드릴 때면 바람이 함께 묶이는 것을 알았다

바람과 일생을 함께한 나무는 어디든 바람과 함께했다
그가 나무로 된 십자가에 달렸을 때
뜨거운 태양 아래 피와 땀을 흘리며
천천히 목이 마를 때 그의 몸을 적셔준 건
물이 아니라 바람이었다

세상의 모든 나무들의 유전자에는
자신들을 쓰다듬고 만지던 바람의 기억을 담고 있었다

나무는 허공에 스스로 십자가가 되어
하늘을 우러르며 기도를 했다
바람이 곁에서
그 분을 찬송하며 서성거렸다

제4부
기억의 향기

경화역에서

기억이란 늘 그대로 머물지 않는다
처음 가보고 아련했던 경화역이
오늘은 벚꽃나무 잎보다 사람들이 더 많다

벚꽃잎 떨어지는 나무 아래서 막걸리를 마셔야지
했던 자리는 아무리 자라도 벚나무 아래에
키를 맞추는 소녀가 지나고 있다
이 소녀는 시간이 흐르면 이날을 어떻게 기억할까

난 다행히도 나쁜 기억은 잘 잊고 좋은 기억을 많이 한다
그래서 지나간 사람이 늘 마음에 그립다
기억은 조금씩 흐려가지만 사람은 지워지지 않는다
정말 오래 시간이 지나서 늙으면 그 사람과 경화역에서
벚꽃잎 띄워서 벚꽃막걸리 한 잔 하고 싶다

말은 필요 없겠다
그냥 얼굴만 조금 붉어지면 되겠다

비가 내린다

빗물이 차 지붕을 때리는데
가슴은 왜 울리는가
사람을 사랑하는 일이
사람에게 사랑받는 일이
문득 죄가 되고
아득함이 끝없는 날

횡단보도 한편에 택시를 세우고
실내등을 밝히고 시를 적는다

젖을 것 같지 않는 강판으로 만든 택시가
비에 맘껏 젖어 부풀려지는 새벽
시동이 걸어진 동안 택시는 잠시 살아 있다

도로를 지나는 자동차들이
좌르륵 좌르륵
빗물을 가르며 바쁘게 지난다

앞 유리창엔 어떤 이의 진한 마음처럼
빗물이 뭉쳐져 제 무게에 흘러내린다
옆 유리창엔 송글송글 맺힌 빗방울
누구의 가슴속 잡힌 물집인지 아파 보인다

두두둑 두두둑
택시의 지붕을 치는 빗소리
초록빛 빈차의 택시등만
새벽을 빗속에서 꺼지지 않고 타오른다

발자취
- 어둠이 얼마나 긴 것인지 그 끝을 보려
밤새 걷다 보면 아침만 보고 온다 -

그대는 나를 알 수 없다 하여 놓고는
가슴 속 색색의 돌중에서
유난한 색돌을 들어 만지작거리다
가슴에 던져 나를 아프게 했었지요

그대는 사랑을 알 수 없다 하여 놓고는
능소화빛 그리움으로 다가와
나를 적셔 놓았어요

사랑도 늦게 도착하면
죄가 될 수 있다는 것을
시간의 참회록이 말했었지요

마음으로 모든 것을 접기 전에
차가운 귀가 따스한 말에 녹고
뜨거운 입술이 달콤하게 젖고
가슴에는 온천처럼 생각이 넘쳐흘렀고

이미 뼛속 깊이 스며든
마음의 그림들이
오래된 문자처럼 새겨져 있었지요

꽃의 비늘

바람을 따라 허공을 헤엄치던
꽃물고기들이 바람의 칼날에
꽃의 비늘들이 벗겨져
잔디 위에 흩어져 있다

꽃 비린내가 혹 끼칠 것 같은데
꽃향기가 진동한다
주위가 온통 젖어
지나던 발길을 멈추게 한다

언젠가 스치던 당신한테서
맡았던 바로 그 향기였다

내겐 그 사람이 아프다

때로는 나의 가장 가까운 사람이라고
늘 마음에 두었던 그가
문득 그 아픔을 나와는 상관없이 혼자 아파할 때
참으로 형용할 수 없는 허무를 느낄 때가 있습니다
같이 아파해 주고 싶었는데 함께 있고 싶었는데
그 사람이 아픈 만큼 아파지는 피할 수 없는 마음
그대는 홀로 아프지만
나는 거리를 두고 있어도 함께 아픕니다
그렇지만 이 서운한 마음을 말할 수 없음도 아픕니다
그대가 홀로 겪어야 하는 일 일지도 모르기 때문입니다
아니 내가 생각했던 만큼
그대에게 나의 자리가 없다는 생각이
더 두려워질지도 모릅니다

지금 그대에게는 누가 아프고 있나요

신의 질투와 이별의 상관관계

신이 사람을 만들면서
그 마음속에
자신만을 사랑하도록
자신만을 그리워하도록
외로움을 심어 놓았을 것이다

하지만 사람은 사람을
더 그리워하게 되면서 부터
신의 바람도
늘 완전할 수는 없게 되고 말았다

그리하여 사람이 신을 향한 사랑과
신이 사람을 향한 사랑도
그래서 늘 비껴가는 일이 잦아지고 말았다

사람이 사람을 사랑하는
열정을 신은 분명히 질투를 하고 있다
그래서 사람사이에도
헤어짐이 반복되는 것이리라

기억의 향기

밤꽃 내음 내 가슴에 가득하면
내 몸을 넘쳐흐르던 기억

그대도 기억할까
사랑이라는 이름으로
넘쳤던 기억을

가끔씩 오가는 길목에
고단해지면 그대 생각
추억으로 들추어 볼까

내 기억에도 하얗게 밤꽃처럼
사랑이 살아날까

그대에겐 이미
밤꽃 향기조차 그저 스치는
무향한 냄새일까

한번 키웠던 사랑은 지워져도
다시 기억 속에 살아나듯이

올해도 밤꽃 향기
가슴에 가득 날린다

살아도 살아도
지우지 못할
기억의 향기

햇살과 놀며

베란다로 향한 창을 열고
들어 온 햇살을 만지작거리며
한가하게 노는 시간

삶의 끝자락 닿아서도
이리 평화로울 수 있다면
지금의 아픔쯤이야
차마 견디고 살 수 있으리

사랑도 때로는 마음을 저미서
돌아서고 싶은 때가 몇 번이던가

배가 미치도록 고파도
주머니에 동전 한 닢 없어
그 초라함에 견디기 힘든 때보다
그보다 정작 더 아픈 건
살아서 살아서
올바르게 생각하며 사는 일

이리 따스한 아침
그대에게 햇살 한 줌
손에 쥐어주고 싶다

느티나무 입던 옷을 벗다

주말동안 느티나무는 제 마른 이파리들을
한 장씩 창문 안쪽으로 던져 넣고 있었다

느티나무가 던져놓은
가을의 조각들이
햇살을 쬐며 빈둥거리고 있다

느티나무는 타고난 패셔니스타
오래된 옷은 미련 없이 버리고
겨우내 지은 옷을
봄에 갈아 입는다

바람이 잠들어 있는 곳

바람이 잠들어 있는 곳을
아시나요

당신이 더울 때
부채를 흔들어 대면
잠들었던 바람이 놀라 깨어서
그대에게 날아가지요

바람도 피곤해 쉬고 싶을 때면
작은 부채 속으로
몰래 쉬러 간답니다

고운 손으로 부채를 흔들면
화들짝 잠들었던 바람이
얼굴을 매만지지요

바람과 함께 나도
피곤한 잠이 들었다가
흔들어 깨우면 그대 고운 속살까지
만지고 싶을 테지요

깃발처럼 나무처럼

가로등 아래 꽂아둔 깃발이
바람에 제 몸이 흔들리고 있다
나는 어디에 묶여 있다가
이리 마음이 흔들리며
여기까지 온 것인가

수많은 말들을 묶어두고
바람에 나뭇잎 흔들리는
나무처럼
나는 어디에다 뿌리를 두고
미처 못 한 말들을 감추며
이 길을 가고 있는가

하늘을 보아도
땅을 보아도
그것이 너무나 넓고 길어
한 세상 살기에는 짧은데
나무처럼 깃발처럼
말을 접고 살고 싶다

그리움이 있는 강

강줄기 따라 가다 보면
강물 끝나고 바다에 닿겠지만
그리움 흐르고 흘러도
그대에게 가는 길이
보이지 않았습니다

그리움 끝에 당신이 만나질까
미친것 같았던 보고픔도
당신이 서 있어야 할 자리
생각나던 날
그리움의 강이
멈추기도 했습니다

강가의 모래만큼
그대 생각하고 또 하고
그대 생각 지우려
흐르는 강물에
마음 씻어 보았지만

가슴 속에는 모래보다
더 많은 그대가 쌓여져 갔습니다

강물이 가득 했던 날
강 곁의 나무는
하얀 비닐 하나 잡고는
바람을 흔들고 있었습니다
그대 생각에 마음 잠겼던 날
그리움은 가슴에 붉은 깃발 달고
날마다 흔들고 있었습니다

그대 보고파
강가에 앉으면
그대는 강물에 비친 하늘처럼
강물로 흐르고 있었습니다

당신뿐입니다

당신을 떠나
몇 날쯤 지나가면
멀리 떨어질 줄 알았는데
뒤돌아보니
아직 저의 눈 속에
담겨 있었습니다

잊으려
먼 도시로 달아나
이쯤이면
생각이 없을 줄 알았는데
가슴을 열어보니
당신은 말없이
앉아 있었습니다

당신이 모르게
딴 사람에게 가면
아주 모를 줄 알았는데

그 사람 얼굴 위에
얼굴이 보였습니다

떠나
잊고자
모르게
살아 보았지만
결국은 당신의 자리로
되돌아오고 말았습니다

하루하루
잊고자 했지만
하루하루
더 생각나는
당신이었습니다

사는 일

살아간다는 것은
죽는 일 보다도
사는 게 두려운 법이다
사랑한다는 것은
사랑받는 것보다
사랑하는 게 더 만족스러워야 할지
가끔은 그 판단이 혼란스럽기도 하다
만족한다는 것은
물질이 가득 채워주는 게 아니고
가난해도 그 자리를
마음이 채워줘야 하는 것이다
살아 있다는 것은
배고픔을 채우는 것보다
영혼을 기쁘게 하는 일이다

그리움의 촉수

나무뿌리가
물을 향해
끝없이 뻗어나가듯

그리움은
어두운 곳에서도
보고픔을 향해
촉수를 내밉니다

영혼의 빛

그대에겐 오래 전 이야기인지 모릅니다

그대가 어둠속에 헤맬 때
이 불빛 보고 갈 길을 찾았다면
저로선 할 일을 한 것뿐

그대가 누구인지 몰라도
다만 저를 통해 흘러간 빛이
그대의 길을 비추어 주었을 거라 생각했을 뿐

저는 다만 이 자리를 지키고 있을 뿐
그대 아닌 또 어떤 사람이 지나친다면
이 빛을 보겠지요
그리고 다시 길을 찾겠지요

비가 내려 나를 적시고
태양이 나를 말리고
바람이 나를 시원케 하고
지나던 갈매기 날개를 쉬어간다면
밤이 와도 별과 달이 내려다본다면
그것만으로도 행복한 일

지금은 그저 제게서 나오는 빛을
또 다른 그대가 볼 수 있다면
어둠속에서 길을 찾을 수 있다면

오랜 시간 지나서 제 이름 사라져도
그대 마음에 빛 하나
누구에겐가 또 비춰지겠지요
그리하여 또 오래된 이야기 하나 남겠지요

봄

아무도
멈추지
못하는,

일방통행

〈작품 해설〉

시보다 아름다운 사랑

유영만 (지식생태학자 · 한양대교수)

1. 시보다 아름다운 사랑을 들여다 봅니다

　임창연 시인님에게 받은 첫 시집,『한 외로움 다가와 마음을 흔들면』을 받아들고 시집 제목과 같은 시를 먼저 보았습니다. "누가 내 안에 기다림을 주었을까/문득 한 외로움 다가와/내 마음을 만지면 그때마다/나직하게 불러보는 이름 있었지."당신은 지금 무엇을 그리워하고 있는가? 그리움은 보고 싶어서 애가 타는 마음입니다. 글을 쓰는 일도, 그림을 그리는 일도 그리움을 일깨우는 과정입니다. 글도 그리움을 긁는 행위이고 그림도 그리움을 그리는 창작의 과정입니다. 임창연 시인님은 무엇이 그토록 그리움에 사무치게 했을까요? 사무친 그리움에 잠 못 이루며 사시사철의 자연의 흐름을 그리움에 숙성시켜 삶의 단면을 시심으로 녹여낸 삶이 펼쳐집니다. 언제나 만나지만 지나치는 하늘과 산과 바다. 그 속에서 함께 살아가는 꽃과 나무가 한편의 교향곡을 울리기도 하고 지나가는 바람을 타고 즉흥 재즈 연주가 울려 퍼지기도 합니다.
　『한 외로움 다가와 마음을 흔들면』이라는 시집을 열어보니 자서

편에 이런 글이 나옵니다. "발효되지 못한 음식/ 조미료에 길들여진 입맛/ 문장도 요리처럼/ 사람들은 어느새 중독되어 있다/ 하지만 늘 배고프고/ 허기가 진다/ 제대로 된 밥상을 차리고 싶다."나 역시 그 동안 발효되지 못한 지식으로 세속에 길들여진 글맛을 자극하면서 독자들에게 배고프지만 허기진 글을 써오지 않았는지 반성하게 됩니다. 임창연 시인님의 자서를 보면서 저에게 내리는 죽비라고 생각하고 난생 처음으로 시집 해설을 주제넘게 씁니다.

시인도 아니면서 시집에 대한 해설을 쓴 다는 것이 얼마나 주제넘고 건방진 일인지를 알면서도 왜 이런 무례한 부탁을 받고 거절하지 못했는지 후회가 막심합니다. 아 그런데 어쩌겠습니까. 시를 잘 아는 시인입장에서 쓰는 해설과 시를 모르는 문외한이 쓰는 해설에는 형언할 수 없는 천지차이가 존재합니다. 그럼에도 불구하고 임창연 시인님이 저에게 이런 부탁을 하신 것은 시에 문외한이지만 시인 밖에서 시를 들여다보는 전대미문(?)의 글을 써 달라는 부탁으로 받아들이고 주제 넘는 무례함을 무릅쓰고 시에 대한 저의 평소 단상을 쓰려고 발버둥을 쳐봅니다.

긴장과 압축, 절제와 여백 속에서 촌철살인에 담긴 삶의 의미를 시로 읽다가도 언제나 시인은 나에게 동경의 대상이었습니다. 어떻게 하면 저렇게 짧은 시 속에 인생과 우주와 자연의 깊은 의미를 가슴이 저리도록 담아낼 수 있을까가 의문이었고 시샘과 질투의 대상이었습니다. 시인은 눈물로 적신 베개를 벗 삼아 시를 쓰고, 아픔으로 새겨진 상처에서도 꽃을 피우며, 슬픔으로 얼룩진 과거의 추억을 승화시켜 시로 녹여냅니다. 시인에게 세상은 온통 시적 탐구의 대상이며, 시인에게 일상은 또한 상상력의 텃밭입니다. 시인에게 사물은 사연을 담고 있는 보물이며, 시인에게 사람은 사랑에 굶주린 유람의 주체입니다. 그런데 시인만 세상을 이렇게 바라보지 않습니다. 우리 모두는 시심으로 세상을 살아가는 양심의 발로이자 인심의 주체이기도 합니다.

그래서 우리는 모두 삶의 CEO(詩理悟)라고 생각합니다. CEO는 본래 기업의 최고 경영자(Chief Executive Officer)를 의미합니다. 하지만 CEO는 시詩를 통해 세상의 이치理를 깨닫는悟 사람입니다. 사막에 상상의 도시, 두바이 왕국을 건설하면서 '상상력의 시'를 쓰는 건설가, 세이크 모하메드도 "당신의 눈망울 속에 나를 담아 주세요"라는 시를 통해 천편일률적으로 이루어지는 도시문명의 무미건조함에 시적 상상력을 불어 넣고 있습니다. 혁신의 아이콘 스티브 잡스도 생전에 윌리엄 블레이크의 시를 읽으면서 받은 시적 영감을 인문학적 감수성으로 녹여내는 창조적인 제품과 서비스를 개발했습니다. 시에 담겨진 사연과 배경, 시어가 담고 있는 애틋함과 아련함, 시인이 말하고 싶은 그리움과 설렘, 그리고 시인이 담고 있는 아픔과 슬픔이 씨줄과 날줄로 엮여 한 편의 시가 탄생됩니다. 그 시는 이미 하나의 우주이며 자연이고 사람이자 삶이라고 생각합니다. 그래서 시는 시인만이 쓰고 읽는 문학적 작품을 넘어서서 우리가 살아가는 지금 여기서의 현실에 대한 진실한 고백이며, 지나간 과거의 얼룩에 대한 냉철한 반성이자 다가오는 미래에 대한 경건한 전망이기도 합니다.

시는 절(寺)에서 말씀(言)을 조탁한다는 의미를 담고 있습니다. 그 만큼 세상과 거리를 두면서도 동시에 세상의 아픔을 시심으로 농축하여 절제된 언어로 압축하고 긴장미를 드러내는 게 시라고 생각합니다. 시인은 언제나 습관과 관습, 고정관념과 타성을 깨뜨리기 위해 '틀 밖'에서 물음을 던져 '뜻밖'의 생각지도 못한 감동을 자아내는 감탄사 제조사입니다. 시인은 평범한 일상에서도 비상하는 상상력의 꽃을 피우는 사람이며, 상식의 옷을 벗겨내고 식상함을 남다른 눈으로 관찰하면서 얻은 통찰력을 일깨워주는 깨달음의 전도사입니다.

2. 시보다 아름다운 사랑을 찾아봅니다!

두 번째 시집, 『사랑은 시보다 아름답다』에도 자서가 해설을 쓰려는 저에게 마음을 발효시키라고 죽비를 세게 내리칩니다. 잠시 멈춰 서서 시를 읽고 또 읽으면서 마음의 거울에 반추해봅니다. "검게 잘 익은 포도송이를/ 하얀 쟁반에 올린다/ 바람과 햇살이/ 알알이 탱탱하게 들어찼다/ 문장마다 포도향이/ 바람의 소리가/ 햇살이 당신의 마음을/ 발효시키는 중이다."

시보다 아름다운 사랑을 찾기 위해 저는 그것이 무엇인지를 주제넘게 정의하지 않겠습니다. 감히 시보다 아름다운 사랑이 무엇인지를 제가 설명하고 해석하는 것은 저에게 난해할 뿐만 아니라 너무나 과분한 주제입니다. 그래서 저는 각 부에 등장하는 임창연 시인님의 시 제목으로 시보다 아름다운 사랑을 찾기 위한 손짓과 발짓을 해보려고 합니다. 허공을 향해 젓는 손짓일지라도 맨땅에 내딛는 발짓일지라도 그것이 시보다 아름다운 사랑을 찾기 위한 몸부림이라고 생각합니다.

제1부

　노을이 아름다운 가을이면 '가을낙서'를 하고 싶습니다. 가을은 거울에 비추어 자신을 반추해보는 계절이기 때문입니다. 가을이 오기 전 7년을 땅속에 견디다 한 번의 처절한 짝짓기로 생명을 마감하는 '매미'는 '햇빛사랑' 한 번도 경험하지 못하고 기구한 한 평생을 마감합니다. '사랑은 시보다 아름답다'고 노래하지만 매미는 단 한 번만의 고백으로 기구한 인생을 마감합니다. 매미는 사랑을 온몸으로 노래했지만 시보다 아름다운 단 한 번의 사랑으로 저 세상으로 떠납니다. '바다 같은 그대'가 애틋한 나의 마음을 다 받아주겠다고 약속 했지만, 닥상 그대는 세상에서 가장 낮은 곳에서 다시 수증기로 변신하여 세상에서 가장 높은 곳으로 승화합니다. 인생은 언제나 처음 시작하는 마음으로 '서시'를 읽으면서 다시 초심을 다져봅니다.

　'감나무'에 걸린 나의 꿈나무를 생각해봅니다. 감에서 감히 감이 열리기 위해서는 고욤나무에 상처를 내고 감나무를 접목해야 됩니다. 고욤보다 더 큰 감이 고욤나무에서 열리는 비결은 내 몸에 새겨진 아픈 상처 속에서 감나무를 받아들이는 고통을 감내하는 수밖에 없습니다. "홀로 찾아온 한낮의 운동장에 눈앞에 어리는 뿌연 안개는 왜 그리 가슴이 아리던지요.'"초등학교 운동장'에서 뛰어 놀던 어린 시절의 꿈이 지금은 산산조각 났지만 꿈 깨는 아픔을 견뎌야 꿈이 다시 자란다는 사실을 냉정하게 받아들이기까지는 많은 시간이 흘러서였습니다. 그 동안 내 몸에 이식된 '당신의 향기'는 '기억의 자리'에 앉아 한 떨기 '능소화'로 피어 있습니다. 지우려고 해도 지워지지 않고 잊으려고 해도 잊혀지지 않는 '아픈 느티나무'로 심연의 바닥에 깊이 뿌리내리고 있습니다.
　'밤에 먼 길을 다녀오다'불현 듯 떠오른 아픈 추억과 슬픈 얼룩을 씻어내기 위해 '강가에서' 고민을 거듭하지만 옛 추억이 아로새겨진 '사진첩'에는 여전히 '사랑의 조각'으로 자리 잡고 대 마음을 울립니다. '붉은 자전거' 꺼내서 어디론가 질주해보지만 시보다 아름다운 사랑은 '새'처럼 허공을 여전히 나르고 있습니다. 뼛속까지 비워 하늘을 나는 새처럼 지난 추억의 무거운 그림자를 지워야 나도 다시 시보다 아름다운 사랑을 할 수 있을 것 같습니다. 창공을 향해 힘차게 날아오르는 새처럼 사랑도 푸른 하늘을 꿈꿀 때 희망이 생기고 소망의 싹이 터서 원망도 지워낼 수 있습니다.

제2부

　'출근길'에서 당신을 떠올려 봅니다. '늘 언제나 당신의 시간 속에서' 보내자는 약속도 이제는 '틈'만 나면 잊기 위해 몸부림을 쳐봅니다. 남자는 헤어져서 마음이 아프지만 여자는 마음이 아파서 헤어진다고 합니다. 뜨거운 사랑을 나눌 때 '아름다운 거리'를 유지하는 게 얼마나 허망한 '희망'사항이었는지를 이제야 깨닫습니다. 나무도 간격을 유지하고 거리가 있어야 더 크게 성장할 수 있다는데 우린 그 동안 서로를 아껴주고 존중하는 '아름다운 거리'가 없었던 것 같습니다. 앉으나 서나 자나 깨나 '그대의 꿈을 보네'라고 노래하면서 '술과 사랑'을 논하고 '뜨거운 심장'으로 '소금의 알갱이는 눈의 숫자다'라고 되뇌어보기도 했습니다. 술을 마실수록 옛사랑의 그림자는 선명하게 빛나고 '밟히는 기억들'도

'미친 사람'처럼 되살려봅니다.

  손가락에 피가 흘러도 조국을 생각하며 악기를 탔던 고려의 두 여인을 생각하며 '봉숭아'꽃을 떠올렸던 고려의 충선왕도 사랑을 노래했던 어김없는 사람입니다. 길 위의 길을 가지 않고 '바람의 길'을 걸어가면서 바람이 데려다 주는 곳에서 하염없이 '아침'을 맞이합니다. 해 저무는 석양을 바라보며 님을 향한 '선물'을 준비하며 '그대 때문에 행복합니다'라고 정성껏 써보기도 합니다. 한때의 아름다운 추억을 '감사'하며 살아가려고 하지만 내 마음은 언제나 '허망의 바다' 위에서 목적 없이 표류하다 '기억의 향기'에 흠뻑 젖어들곤 합니다. "어쩌다 무슨 잘못으로 뒤집어졌는지/다리를 모아 하늘 보며" 빌어보지만 '풍뎅이'는 안간힘을 쓰다 그만 다시 뒤집어 누군가의 도움을 구합니다. "누군가 한 손만 주었으면 벌떡 일어설 수 있었던 때가 있었는데" 뒤집어진 또 다른 '풍뎅이2'를 보고도 사람들은 무심코 지나갑니다.

  '죽음을 맛보는 바람'처럼 생사의 고락에서 바닥을 쳐본 사람만이 밑바닥이 좌절과 절망의 나락이 아니라 새로운 희망의 터전이라는 사실을 압니다. 절망의 이면은 희망이고, 실연의 뒤안길은 인연이 시작되는 앞길임을 알기에 '망초꽃 피어 있는 길' 위에서 '천지창조'의 꿈을 꾸어봅니다. 졸벽이야말로 천지개벽이 일어날 수 있는 새벽임을 되새기면서 말입니다. 사랑은 그렇게 절망의 뒤안길에 슬며시 고개를 내미는지도 모르겠습니다. 사랑하면 아픕니다. 아프지 않은 사랑은 사랑이 아닙니다. 그 아픔을 사랑하는 사람만이 진정한 사랑의 꽃을 피울 수 있다고 생각합니다.

제3부

 '누군가를 사랑하는 일'이 이토록 어려운 일인지를 예전에는 미처 몰랐습니다. 사람과 사람이 만나 사람의 'ㅁ'이 모가 나서 서로에게 상처를 주다가 사랑이 싹트면서 사랑의 'ㅇ'으로 둥글둥글해집니다. 애틋한 사랑에 눈 감으면 비로소 사랑이 보이는 법입니다. 눈뜨고 볼 수 없는 '도라지꽃'에 '그리움을 담는다'고 생각해 봅니다. 도라지 처녀의 흠모하는 애달픈 사랑도 끝내 꽃을 피우지 못하고 '사랑의 독약'으로 다가옵니다. 그토록 사랑했건만 사랑한다는 말 한마디 못하고 상사병에 걸려 열사병처럼 앓아 누운 적도 한 두 번이 아닙니다. '사랑한다 말하지 못해서 미안하다'고 말해보지만 이제는 저 멀리 떠나버린 아련한 추억이 한 페이지에 남아 있습니다.

 수많은 조각 중에 궁합이 맞는 블록이 만나 아름다운 보행로를 만드는 '보도블록'처럼 수많은 사람 중에 서로가 만나 아름다운 우리가 되지 못해 피어오르는 그리움과 아쉬움은 감출 길이 없습니다. '피아노 학원'에서 노을 진 저녁에 울려 퍼지는 한편의 아름다운 선율을 들어도 잊혀지지 않는 옛사랑의 그림자는 진한 잔향으로 남아 내 가슴을 뛰게 합니다. '바람의 낚시'가 되어 떠다니는 구름을 낚아본 들 무슨 소용이 있겠습니까. '아름다운 사람'으로 당신의 가슴에 남아 '내리는 비처럼' 어디론가 흘러 강물이 되고 바다가 되어 살아갑니다. '

 '벚꽃잎 내리던 날' 불현 듯 당신의 속삭임이 들려 문밖으로 나가보지만 지나가는 수많은 '그 여자'만 하염없이 눈에 아른거립니다. '비오는 날의 단상'을 애써 지워 보려하지만 언제나 '미련한 사랑'이었다는 메아리만 허공에 날아듭니다. 흩날리는 '연꽃을 보다' '흐린 기억'을 떠올려보기도 하고, '그해 겨울' 맞잡은 손에서 따뜻한 온기를 느끼며 한없이 걸어갔던 '길'을 상상해보지만 모두가 부질없는 아련함으로 다가옵니다. 나무를 보고 나무의 결을 알아차리고 어떤 목재로 사용할지를 아는 '목수'처럼 나도 당신을 보고 당신이 살아온 삶의 굴곡과 궤적을 생각할 뿐입니다.

제4부

벚꽃이 만발하면 비로소 활기를 찾는 '경화역에서' 당신이 불러주는 봄날의 찬가를 들으려 무심코 내려 보았습니다. 아무 역에나 대책 없이 내려야 낯선 사람과 사물을 만날 수 있습니다. 우리는 사전에 계획된 여행, 각본대로 움직이는 패키지여행에 익숙해 있습니다. 다음 역이 궁금한 여행, 거기서 무심코 내려 본 적이 언제인가요? 그렇게 '경화역에서' 울려 퍼지는 봄날의 벚꽃찬가를 듣기 위해 내렸습니다. 하지만 얄밉게도 '비가 내린다.' 만발한 벚꽃이 내리는 비에 하염없이 흩날립니다. 내 마음을 아는 듯, 비에 젖은 벚꽃 잎은 땅위에 엎드려 울고 있습니다. 바람이 불어도 복지부동입니다. 다시 일어나 바람을 타고 어디론가 날아가기 위해 안간힘을 씁니다. 내가 걸어온 '발자취'대로 족적이 남지만, 이전과 다르게 보지 않으면 발자취도 자취를 감추고 역사의 뒤안길로 소리 없이 사라집니다. 오늘 내가 옮긴 발걸음이 발자취로 남고, 그 발자취의 역사가 나의 이력서가 됩니다. 내가 걸어온 발의 역사가 바로 이력서입니다. 발자취를 들여다보노라면

'내겐 그 사람이 아프다'는 발버둥이 들리기도 하고 '신의 질투와 이별의 상관관계'가 뭐냐는 아우성도 들립니다.

귀(貴)하게 대접받으려면 귀를 기울여야 하듯, 소음으로 가득 찬 세상에서 심금을 울리는 소리를 듣고 싶습니다. 내가 먼저 귀를 기울이지 않으면 내가 먼저 기울어집니다. 어둠의 '기억의 향기'가 있어야 밝음을 얻을 수 있다고 속삭여줍니다. 어둠은 얻음입니다. 대나무도 어둠 속에서 4년을 홀로 지내다 죽순을 틔우고 일 년에 무려 12m나 자란다고 합니다. 파고 들어간 깊이가 위로 성장할 수 있는 높이를 결정합니다. 이제 대나무는 '햇살과 놀며' 음지의 어둠을 딛고 양지의 밝음과 함께 성장을 넘어 성숙을 지향합니다. 삼한 역풍을 이겨내고 힘차게 돌아가는 바람개비처럼 그렇게 힘찬 도약을 꿈꿉니다.

'바람이 잠들어 있는 곳'에서도 '깃발처럼 나무처럼' 꿋꿋하게 세상을 향해 소리칩니다. '사는 일'이 다 그런 것입니다. 힘들고 어려워도 견딘 만큼 나의 쓰임이 결정됩니다. 몸이 힘들고 견디기 어려운 지경에 처해도 포기하지 않고 기다립니다. 기다림은 '그리움의 촉수'가 되어 온 세상을 어루만져 줍니다. 사랑은 '영혼의 빛'으로 화답해줍니다. 그러나 다시 돌아오지 않는 '봄'은 갑니다. 봄(spring)은 다시 봄(seeing)입니다. 다시 보지 않으면 다르게 보이지 않습니다. "아무도 멈추지 못하는 일방통행"으로 지나가는 봄을 멍하니 바라봅니다. 사랑도 계절을 타고 세상의 흐름대로 흘러갑니다.

3. 창밖으로 나와 '시보다 아름다운 사랑'을 찾습니다

임창연 시인님의 시를 읽고 또 읽으면서 시인의 마음으로 바라보는 세상은 일상의 반복이 아니라 일상에서 비상할 수 있는 상상력의 텃밭이라고 생각했습니다. 작은 미물에게도 따뜻한 사랑의 눈빛으로 바라봅니다. 쓸모없는 것도 쓸모 있는 것으로 둔갑시켜버립니다. 하찮은 것도 대단한 것으로 바꾸어 해석합니다. 아 이런 게 시심이구나 하는 큰 깨달음을 얻었습니다.

대작과 걸작도 시인의 마음으로 시작(詩作)해야 세상의 모든 일이 시작(始作)될 수 있다는 경이로움도 느꼈습니다. 그 어떤 시를 써도 사랑을 완벽하게 표현할 수 없다는 사실을 스스로 고백하고 있습니다. 사랑은 언어적 표현을 거부하는지도 모릅니다. 사랑은 언어적 표현을 거부하는 치외법권 지역인지도 모릅니다. 사랑은 사람이 보여줄 수 있는 지고(至高)의 가치이자 궁극의 지향(志向)입니다. 그래서 임창연 시인님은 시심으로 사랑을 고백합니다.

사랑을 진정
아는 사람은
시인보다 아름답다

그대 나를 사랑할 수 없다면
스치는 눈길조차
보내지 말아다오

제 몸을 태운 검은 가루로
말하는 연필처럼
사랑만 쓰다가
사라지리라

그대 사랑할 수 없다면
그대 바라 본
내 눈을 멀게 하고
다시는 눈 뜨게 하지 말아다오
그대는 잠들어 있고
나는 깨어서
사랑 때문에
가슴이 젖어드는 시를 쓴다

-「사랑은 시보다 아름답다」전문

　"사랑 때문에 가슴이 젖어드는 시"를 써도 사랑은 시보다 아름답다고 고백합니다. 자연의 모든 생명체와 사람을 사랑하고 생명이 없는 모든 사물을 사랑하기 위해 시를 써도 사랑은 시보다 아름답다고 독백하며 고백합니다. 그래서 헤르만 헤세는 "시인의 임무는 길을 가르쳐주는 것이 아니라 그리움을 일깨우는 것"이라고 말했는지 모릅니다. 영화 〈죽은 시인의 사회〉에서 존 키팅 선생은 "시가 아름다워서 읽고 쓰는 것이 아니라 인류의 일원이기 때문에 시를 읽고 쓰는 것"이라고 말합니다. 그는 계속해서 "인류는 열정으로 가득 차 있어. 의학, 법률, 경제, 기술 따위는 삶을 유지하는데 필요해. 하지만 시와 미, 낭만, 사랑은 삶의 목적"이라고 말합니다. 의학과 법률과 경제, 그리고 기술이 목적인 것처럼 둔감한 세상에 시와 미, 낭만과 사랑이 삶의 목적이라는 말에 절로 고개가 숙여지고 숙연해집니다. 시로써 사랑을 표현하고자 숱한 밤을 지새우고 시심이 발흥(發興)되지 않아 온 동네방네를 소일했지만 결국 사랑은 시보다 아름다웠습니다.

"시는 언제나 미완의 가능성으로 존재한다. 이때 시를 완성시키는 것은 시인 자신이 아니라 독자의 상상력이다. 그 상상력이 제대로 불타오르기만 하면 한 편의 시는 그 불꽃의 크기와 뜨거움에 비례하는 내포를 갖게 되는 것이다. 그런 뜻에서 시는 독자의 상상력을 촉발시키기 위한 한 개비의 위험한 성냥이라고 할 수 있다." 이형기 시인님의 말입니다. 이제 임창연 시인님은 독자들에게 영원한 미완성인 사랑을 독자들에게 내려놓습니다. 독자들의 시적 상상력을 자극하기 위한 '위험한 성냥'을 던져놓고 시보다 아름다운 사랑을 찾으러 먼 길을 홀연히 떠납니다. 우리는 임창연 시인님의 시보다 아름다운 또 다른 사랑을 기다리는 수밖에 없습니다. 그리움에 사무쳐 기다림의 골이 깊어지면 시보다 아름다운 한 아름의 사랑을 안고 우리 곁으로 돌아올 것입니다.

시인의 말

'사랑은 시보다 아름답다'란 제목으로 만들어졌던 시집을 '꽃꿈'이란 이름으로 다시 세상에 내어 놓습니다.

특별히 '꽃꿈'이란 시는 송창재 작곡가가 곡을 붙이고 온새미양이 부른 노래가 2014년 6월에 싱글 앨범으로 발매가 되었습니다.

사극풍의 발라드 곡으로 듣는 이의 마음을 애절하게 사로잡는 노래입니다. 시는 원래 노래이니 곡을 붙여 불러지는 것은 지극히 당연한 일입니다.

많은 사람들에게 사랑을 받는 곡으로 남으리라 믿어 의심치 않습니다.

특별히 좋은 인연으로 해설을 유영만 교수님께서 써주신 것도 감사를 드립니다.

대한민국에서 문장으로는 둘째가라면 서러워할 만큼 명문을 쓰시는 교수님이라 시집 해설을 처음 써 주셨음에도 한 문장도 버릴 것 없는 멋진 문장으로 만들어 주셨습니다. 다시 한 번 고마움을 전합니다.

이 시집이 엮어지기 까지 많은 고마운 분들께도 감사를 전합니다.

버릴 것 없는 문장의 열매를 접시에 곱게 담아 이 시집을 읽는 모든 이들에게 바칩니다.

2016년 4월
임창연 시인